Psico poemas
GUSTAVO GIL ALARCÃO

Copyright © 2024
by Gustavo Gil Alarcão

Coordenação Editorial: **Ofício das Palavras**
Revisão: **Ofício das Palavras**
Projeto Gráfico, Capa, Diagramação: **Tatiane Lima**

Direitos desta edição reservados à
Ofício das Palavras editora e estúdio literário

12241- 000 São José dos Campos, SP
Telefones:(12) 99715-1888 / (11) 99976-2692
contato@oficiodaspalavras.com.br
www.oficiodaspalavras.com.br
@oficio_das_palavras
@oficiodaspalavras

Printed in Brazil/Impresso no Brasil

Dados Internacionais de Catalogação na Publicação (CIP)
(eDOC BRASIL, Belo Horizonte/MG)

A321p
Alarcão, Gustavo Gil.
Psico Poemas / Gustavo Gil Alarcão. – São José dos Campos, SP: Ofício das Palavras, 2024.
182 p. : 13 x 23 cm

ISBN 978-65-5201-015-5

1. Literatura brasileira – Poesia. I. Título.
CDD B869.1

SUMÁ

RIO

1. A melhor profissão do mundo 11
2. Queria falar com Freud.. 13
3. Ao amigo poeta-sério 15
4. Psiquadrilha..17
5. 19
6. Psicopoemas 20
7. Falso self 21
8. Trancado para dentro... 23
9. Das sessões 25
10. 27
11. Navalha não falha..28
12. Inconsciente..29

13. Relativizam, relativizam................................31
14. 33
15. 35
16. Narcisista................................36
17. 39
18. Ah, nem!................................40
19. Desamor na ótica psicanalítica................................42
20. O vergonhoso imbrochável................................45
21. 47
22. Psicanalisar-te................................49
23. 51
24. Aos comunistinhas psicanalistas................................53
25. Associação que-era-livre................................55
26. Psicanálise, como?................................57
27. Não é só biologia................................59
28. Tempo-divã................................61
29. R.I.P?................................64
30. 66
31. Concretude psicanalítica................................68
32. Leminski avisou................................70
33. Assunto d'alma................................73
34. 75
35. Para Melaine................................77
36. Métrica sem medida................................79
37. Para Sándor................................81

38. Foi na Bergstraße 19 83
39. Vazio-não 85
40. Lapso 86
41. Dor 87
42. Atraso 88
43. Sala de espera 89
44. Umbigo do sonho 90
45. 92
46. Paciente que pouco sofre 94
47. Lembranças encobridoras 96
48. 98
49. Inquietante aprendizado 100
50. Setenta e duas horas 102
51. Pedro-Paulo 104
52. Tratamentos 106
53. Charlatão! 109
54. Sentimento oceânico 111
55. Um breve soneto 113
56. Convivência com um narcisista 114
57. 116
58. O conhecido e não-pensado 117
59. Hermenêutica da singularidade 119
60. Freud explica 120
61. Da biografia do Nome-do-Pai 122
62. Técnica do café 124

63. Fura-papos 126
64. Lib...ID...o 129
65. Catálogo 131
66. Klein 133
67. Sem sonho não dá 134
68. Queria discordar de Freud 137
69. As voltas que o Narcisismo dá 139
70. Uma linha do tempo qualquer 140
71. O trauma 142
72. Estilos de analisandos 144
73. Perverso polimorfo 147
74. Chatice 149
75. Narcisismo 151
76. Amargo 153
77. Trivial 155
78. Histeria é misoginia 157
79. É ou não é 159
80. Palavrear 161
81. Gravidez invisível 163
82. Falação 165
83. Confusão de línguas: pequena lembrança de algo sumamente importante 167
84. Silêncio 168
85. Masoquismo? 171
86. Loucura 173

87. Fetichistas 174
88. Gerundiando 176
89. Barriga-vazia: necessidade infinita 178
90. Destino? 180
91. Paciente que pouco sofre... 182
92. Paradoxo da singularidade...184
93. Fetichezinho 185
94. 187
95. O tédio 189
96. Por que a guerra? 191
97. Você já viu a natureza?.. 193
98. Poesias e prosas sem-igual 194
99. Eu, algo e um pouco mais 196
100. TDAH...198
101. Entre mamadas e desmames 200
102. Só um charuto?... 202
103. Fim de análise... 203

1.
A melhor profissão do mundo

Eu tenho a melhor profissão do mundo
Os dilemas mais importantes
As questões mais fundamentais
As dores e os amores

Aqui nessa hospedagem
No leito curvo desse divã
Repousam histórias e mais histórias

Um conhecido desconhecido
Um amigo esquisito
Que pouco fala de si e
Muito quer saber

Movimento-me sutilmente
Decifrando transferências e contratransferências
Forças incríveis que ligam ou desligam pessoas.

Falo, escuto, suspiro,
Fico em silêncio
Às vezes, canto e até declamo

Já pensei em dançar
(Mas foi breve devaneio)
Apertos de mãos
Alguns abraços
Não fujo da ternura
Mas não me deixo levar.
Essa profissão é assim
Cheia dessas coisas sem fim
Inacabadas e falhas por natureza
Para demover ortodoxias

Acho que não me engano
Sei do tamanho do enrosco
A cada nova sessão
Recomeça tudo outra vez.

2.
Queria falar com Freud

Eu queria falar com Freud
Queria saber um monte de coisa
Coisas importantes e coisas tolas
Que parte da teoria era forte?
Que parte era boba?

Queria passar a tarde caminhando e conversando
Saber se o "Movimento" era um plano
Quem eram os mais admiráveis
Quem não valia tanto.

Queria tomar um vinho e vê-lo se embebedando
Aproveitaria para fofocar
E deixar que fosse falando
Essa história da cunhada, e mais outras futricas.

Iria pedir uma foto
Um autógrafo em qualquer pano,
Garantir aquele momento
Eternizado em qualquer canto.

Pediria todas as dicas
Sugaria todas as informações

Mentira!
Não é idolatria
Não me venha com essa
Freud, sou seu crítico

Cético, imparcial e justo

Mas, que dureza, ver esse Freud-humano.
(Por isso, as fofocas!)

3.

Ao amigo poeta-sério

Psicanalistas raramente se atrasam.

Você se atrasou!
Sim, desculpe-me. Foi culpa do café.

Café? É sério isso?
Sim, café é essencial. E tem mais.

Tem mais? Que foi? Posso saber?
Encontrei alguém. Parei pra conversar.

Na hora da minha sessão?
Desculpe-me, aconteceu.

Mas que conversa era essa?
Conversa com poeta-sério, desses
que não brincam em serviço.

Poeta? Tem amigo poeta?
Pois é, tenho sim.

E por que eu deveria te desculpar?
Não deveria, mas poderia. Não é sempre
que se tem café com poesia.

Poesia? Escreveram poesia?
Escrevemos com as conversas, poetas usam bem a
palavra, psicanalistas sempre aprendem com poetas.

Puxa, fiquei com inveja.
Fique não, ele anda sempre por ali, café da
padaria. E tem mais, é poeta-psicanalista.

Tá me mandando conversar com ele?
Claro que não, tô é te contando da minha
inveja. Não conta pra ninguém.

Vou falar só pra ele, já que é analista vai te entender.
Compreensivo você, caro paciente, com as questões
de seu analista, dos atrasos às ironias.

Disponha.
Disponho.

4.
Psiquadrilha

Balint amava Sándor que amava Freud que amava
Ana que não sabemos se amou alguém.

Freud amava demais. Amou Silberstein,
Breuer, Fliess, Jung e outros mais.

Jaques, Melaine, Donald e Wilfred tinham
por Sig amores-quase-totais.

Não esquecer das outras fronteiras, de
todos aqueles que semearam quintais.

Homens e mulheres de seus tempos,
boas ideias, mas meros mortais.

Erros e acertos, começos e finais.
Psicanálise não precisa de rima,
Ela desatina
Quaisquer ideais.

Mas uma rima também soa bem.

5.

A fala destrava
O gesto desvela
A lágrima descongela
O sorriso despedra
O sonho, ah o sonho
Desassossega.

6.

Psicopoemas

Instinto se repete como sol que amanhece
Fogo que aquece ou gelo que derrete.

Desejo perverte como sol que anoitece
Fogo que arrefece ou gelo que não esvaece.

Às vezes calha de o desejo não perverter
E instintos acolher.

O bicho-humano é difícil de entender
E essas rimas chatas entoam nada para você.

Mas antes brincalisar com psicanálise
Que chatear com outras bobagens.

7.
Falso self

Onde pensei não pude ser
E pensando demais me adaptei
Falso self me tornei.

Ferenczi previu
No sonho do infant-savant
O bebê, não-bêbê, obrigado a pensar.

A vida até acontece
Mas nada real parece
Quadro vazio, missa sem prece.

Quando a mente é demais
Tempo verdadeiro padece
E o EU de fato se esquece
Afaga-se em lama onde nada floresce.

Só de adaptação não se cresce
Gesto espontâneo caduca
E a mente fica mesmo é maluca.

8.
Trancado para dentro

Um dia o analista deixou-se trancar
dentro de seu consultório.
De lá não conseguia sair.
E lá ninguém conseguia entrar.

Sem saber o que fazer
Deitou-se em seu divã
Pôs-se a associar.
Apostava no inconsciente e no livre falar.

Sozinho ali
Sem ninguém pra escutar
Sem transferência para viver
Só lhe restou então
Sonhar.

No sonho imaginava quem é que o trancara
Quem queria deixá-lo lá dentro
E ficar de fora?

Que paciente arteiro
Teria aquela peça pregado?
Algum adolescente matreiro ou
Algum paranoico ameaçado?
Nada tão retumbante parece ter acontecido
Ainda que em seu sonho
Todos aqueles livros estavam conversando.

Despertou
Rindo sem parar
Quando o próximo paciente
Abriu a porta daquela sala-de-sonhar.

9.
Das sessões

Um paciente pergunta ao analista:
O que é Arte?
Ele se indaga, vira e se revira.

Não consigo definir
Preciso?

De repente se lembra
De uma cena da infância
Da brincadeira mais simples
Que dizia inventar.

É isso,
Diz agora de boca cheia.
Aquilo era arte.

Não me deixa ver
Nem precisa me contar
A cena que reviveu
A invenção que criou.

Encheu-se de esperança.
Levantou-se do divã
E levou consigo
Aquilo que, hoje, veio buscar.

Nem sempre é assim,
Leve...
Mas, vez ou outra, a alma parece pairar
E os espíritos livres podem então
Brincar.

10.

Quando pequenos, pequenininhos
Nossa mente é pura ilusão.
Dos rastros do real que se corta em pedaços
É na fantasia plena que nos fazemos sãos.

Esses esboços do mundo que queremos
Não nos abandona nunca, nunquinha.
Mora dentro de cada alma
De cada corpo, em cada uma de nossas esquinas.

Pouco a pouco os pedaços do real
Concretizam-se firmemente.
E a ilusão que nos alimentava
Agora também mente.

É real ou não é?
Aquela ilusão da mente.
Aquela que para cada um de nós
Jamais mente.

11.

Navalha não falha

Ato falho
Não falha
Talha e
Atalha
O caminho
Da verdade.

Ato falho
Jamais falha
Sempre
Fala
Navalha.

12.

Inconsciente

Vem do encontro com
Outro
Esse algo que escapa
Ao escopo.

Entranha-se na lógica ilógica
Do corpo e da alma impura.

Inconsciente, esse isso
Substantivo-adjetivo-verbo
E advérbio.

Conectivo de tudo que há
Em nós.
Entrenós.

Esconde-esconde que
Aparece e some
Indomável infante
Diabolicamente infame.

13.
Relativizam, relativizam

Relativizam, relativizam
Negam a crueldade
Negam o sadismo
Não enxergam o abismo.

Relativizam, relativizam
Negam as palavras
Negam o que é dito
Afagam o funesto destino.

Relativizam, relativizam
Não chamem de Fascismo
São apenas desiludidos
Lamentam o paraíso perdido.

Relativizam, relativizam
Não querem limites para seus
desejos mais primitivos
Narcisizam-se sem parar
Individualismo.

Relativizam, relativizam
Aboliram a sublimação do ódio coletivo
Aboliram o trabalho psíquico
Passaram ao ato contínuo
Sem reflexão:
Curto-circuito dos instintos.

Querem salvo conduto
Para seus aspectos assassinos
Pulsão de morte ensimesmada
Prerrogativa desse radicalismo.

Relativizam, relativizam.

14.

Tem aquele sujeito que dá murro em ponta de faca.
Tem aquela mulher que não larga aquele traste.
Tem aquele outro que sempre procura quem mal o trate.
Quem escolhe aquele que sempre engana,
Quem nunca bate, mas sempre, sempre apanha.

A psicanálise adotou uma palavra
E passou a usá-la:
Masoquismo.
Era pra dizer daqueles que com a dor têm prazer.

Conceito esse muito útil
Para entender esse mundo.
Em que um monte de gente até consciente
Escolhe um ser obscuro
Que maltrata reiteradamente e
Vocifera odiosamente

Avisando na caradura
Vou fazer sofrer um monte de gente.

Repete: vou fazer sofrer.
Escutem: vou fazer sofrer.
E ainda assim:
Você vai me escolher!

Há quem goste de sofrer.
Goste com prazer.
Sofre com prazer.
Infelizmente, há.

15.

Aprendemos a integrar
O desejo e o mal-estar.

Não importa quão grande seja
A crueldade e a torpeza.

Ainda que pareça impossível
Assimilar o inadmissível.

Caminhemos de cabeça erguida
Cisão é energia perdida.

Ainda que a legítima-defesa
Seja guerra entendida
Façamos esforços incomensuráveis
Para a vida não ficar perdida.

16.
Narcisista

Sabe-se que Narciso
Apaixonado por si mesmo
Padeceu solitário.

Adorava recusar
Mortais que ousavam lhe adorar
Sequestrado para sempre em sua vaidade.

Mito grego antigo
Que se presta a ensinar:
Vaidade excessiva só faz afogar.

Freud, ultra-sagaz
Fez Narciso falar
Iluminando psicopatologia de eus que só
sabem se amar.

Ladinos e frios
Sedutores e vazios
Sequestram esperanças
Roubando tudo que podem.

Quem com tais tipos na vida não cruzou?
Adoecendo por não saber que todo amor,
Nem eco produz naquele ser-oco.

Narcisistas destroem esperanças
Parasitas da vida
Sugam a alma.

Nem se agitam se alguém reclama:
"Devolva-me o que roubou"
"Eu não pedi nada, você que ousou
Conquistar o inconquistável".

Seguem em frente
Com a cabeça erguida
Coluna arqueada e
Nenhuma ferida.
Rindo dos tolos que enganam em vida.

Mal sabem que o Lago do Desespero
Está a esperar

Condenando-os a solidão, mais de mil anos de solidão
Por malversar o amar.

Nem mamãe, nem papai irão salvar.
Do Lago da Solidão que irá encarcerar,
Narcisista
Como Tirésias avisara.

Narcisistas egoístas e sanguessugas
Sequer escutam as pragas dos deuses pagãos.

17.

Mas
Isso que dá
Aqui dentro
O que é, doutor?

Aí dentro?

É, aqui dentro.
É isso mesmo.

18.

Ah, nem!

Ele se queixava da pressão dos outros
Ela se queixava da pressão dos outros
Todos se queixam
Da pressão dos outros,
Eu e você também.

Amém!
Enquanto houver o outro
A queixa irá sempre para o outro
O pai, a mãe, o trabalho, os filhos, a sociedade, o dinheiro, o medo...
Tudo, literalmente tudo, é motivo.

Amém!
Alguns invertem a ordem e
Fazem desse outro si-mesmos,

Portanto, culpam-se, culpam-se, culpam-se.
Eu e você também.

Amém,
Chega de amém.

A nem, ou melhor
Ah, nem... dá trabalho, não é?

19.

Desamor na ótica psicanalítica

O que é o amor, perguntaria você.
Perguntamos todos.
Freud, bruxo de Viena, disse que
investigaria fundo os sentimentos.

Investigou o amor,
Dissecou o amor,
Mostrou as entranhas do amor,
E escreveu
Sobre a depreciação geral na esfera amorosa.

Junto ao amor estava o ódio.
Junto, não colado e nem equivalente.
Pudera,
Amor e ódio

São pulsações da vida
Vetores de direções distintas e orientações diferentes,
Amor é força dos encontros
Ódio, reino dos desencontros.
São, entretanto, sentimentos quentes
Jamais frios.
Dançam danças estranhas
Rivalizando-se em disputas
Muitas delas sem fim.
Eternamente vivas e quentes.

Frieza mesmo é
Indiferença.
Essa sim,
Lâmina mortífera,
Poda e dilacera pedaços de vida,
Tratando-a como erva daninha.
Indiferentes não tem esperança,
Indiferença é veneno impiedoso:
Pulsão de morte,
Silêncio da vida.

Temamos os indiferentes
É deles o reino do nada.
Os frios de alma, segundo Schneider

Os antissociais e os cruéis
Indiferentes, cheios de
Desamor.
Um dia lá atrás hão de ter sentido dor,
Mas com o passar do tempo
Esfriaram e
A pulsão que alimenta a vida
Desligou.

20.

O vergonhoso imbrochável

De tempos em tempos novas palavras
Calham de nascer.

Algumas, pura poesia
Rima e melodia
Gostosura de ser:
Lambelado, palavra de menino pequeno
Olhando pro chocolate escorrendo pelos dedos.

Outras são mais estranhas
Produzem o quê?
Difícil dizer:
Carna: palavra de outro menino
Desentendido dos gêneros das palavras.
Por que carne e não carna? Indagava...

Há palavras de ocasião
Houve ministro do passado que cunhou o
Inesquecível
Imexível.

Há, por fim, aquelas sem nenhuma noção.
Ridículas e espúrias.
Agridem pela feiura, pela breguice e pela estupidez.
Imbrochável.
Palavra-nova que agride palavras,
falada por ser que agride seres,
Em dia de celebração de uma nação.

Nem Freud daria conta de tamanha
Perversão.
Não é ato falho
É pura e sórdida intenção.

21.

Eu
Sem Isso
Submisso

Ego
Com Isso
Superego

Vida
Sem paixão
Mortidão

Morte
Com tesão
Obsessão

Repetição
De sintoma
Danação

Gozo em ação
Fixação
Prazer e perversão

Psicopoemas
Brincar com psicanálise
Pura diversão.

22.

Psicanalisar-te

A arte de escutar
Escutarte
É arte de acolher
Acolherarte
E arte de esperar
Esperarte
Como arte de falar
Falarte
Insuperável arte de amar
Amarte
Amar-te.

O bruxo de Viena falou
Que era cura pelo amor
A arte que ele criou.

Nome estranho:
Psicanálise.

E que também verbo virou:
Psicanalisar

E em arte se transformou:
Psicanalisarte

Que só é arte
Se realmente
O coração tocou.

23.

Freudianos
Kleinianos
Lacanianos
Winnicotianos
Bionianos
Ferenczianos
Kohutianos
Passa a vida
Passam os anos
E os crentes brigam pelo rebanho.

Prefiro os marcianos
Misturam tudo com tudo
Impuros!

Crença e fé?
Nadica de nada.
Um pouco de esperança na vida atordoada.

Vulgarizemos a psicanálise
Ela não habita catedrais, templos ou paraísos
Ela é da rua, da vida nua
Sempre impura

24.
Aos comunistinhas psicanalistas

Há quem diga que psicanálise é isso
E política aquilo.
Que isso e aquilo são categorias distintas
Que sua mistura é impostura
Charlatanice conhecida
Que vem de longe.

Comunistas! Eles gritam de lá.
Sempre comunistas a badernar
Querem pôr Isso nAquilo para enviesar.

Detenha-os!
Não sabem de nada.
Falam de política porque não sabem analisar

Manter-se neutro e impávido é virtude rara
Não para essa vulgata
Que só faz politizar.

Pare com essa conversa fiada!
Volte pro seu divã!
Suas invejas e seus ciúmes
Você precisa analisar
Comunistinha infame que nada tem a acrescentar.

"Nasci gauche",
E minha inveja é desses poetas
Que pouco se importam em guerrear
Salvo por defesa legítima
Da vida e das vidas
Que teimam em não se misturar.

Animais políticos todos somos
Alguns hão de se analisar
Mas esquecer da política nada mais é
Senão se infantilizar.
Viver como criança, clamando por cuidar.
Cruzar os braços preguiçosamente
para não deixar de ganhar.

25.

Associação que-era-livre

A associação nasceu livre
Livre-associação,
Casada com
A flutuante,
Flutuante-atenção.

O tempo passou e
a livre-associação
Flutuou.
Tanto flutuou que dissociou
Perdeu a liberdade e quase naufragou.

Hoje em dia
Quase não rola
Troca-troca de assuntos que levam às histórias.
As palavras telegráficas

Parecem brigar entre si, sem liberdade de associar
Sem destinos a conduzir.

Os ouvidos que se queixam porque o
trabalho aumentou bastante.
A atenção que flutuava agora é constante.
Não pode piscar os olhos,
Senão perde significantes.

26.

Psicanálise, como?

Preciso entender
Como a análise faz acontecer.

O "como" é chave da questão
Do efeito que não é em vão.

A hipnose parecia uma boa magia
Logo se viu, que apenas seduzia.

A catarse nunca mais saiu de cena
Expressão passional pudica ou obscena
Alivia de fato, muitos problemas.

A sugestão, poderosa que só
Discurso de mestres
Exprime sem dó
A vontade que temos do colinho de vó.

Ah, mas como a palavra,
Como ela faz efeito?
Disseram: interpreta-te e andas
Até andaram,
Mas... muito menos que esperado.

E o efeito? Quero saber do efeito!
Só no defeito da comunicação?
Ali se esconde o verdadeiro feito
Descompasso sem jeito de normalização.

É lá,
É lá no defeito
Que mora o jeito
Da palavra-efeito
Mexer coração.

27.
Não é só biologia

Desde que o mundo psi nasceu
Buscam explicação.
Tudo que é humano
Basear-se-ia
Nas moléculas e proteínas
Em suas danças ou não.

A biologia tudo responderia
Sem hesitação.
Questão de tempo para aqueles
Cheios de convicção.

A cada época uma invenção
Hormônios, neurotransmissores, genes então
Há de haver explicação
Só acertar na escavação.

Mas o bruxo de Viena
Aquele que também achava biologia a oitava maravilha
Pegando carona na literatura e na filosofia
Desistiu da fisiologia.

Assim a psicanálise nascia
Muitos perturbaria
Os crentes em demasia
Na moral e na biologia.

A cada geração
Nova constatação
Humano é mais que arrumação
De genes e proteínas.

A vida em transpiração
Acontece em ebulição e
Resposta fácil
Ah, não tem não!

Para com isso sô,
Deixa esse papo de lado e vai
Cuidar do seu mundão.
Ele é mais que sua biologia
E menos que a imensidão.

28.

Tempo-divã

Passa o tempo
Passatempo
Tempo passa
A todo momento.

Rimar é fazer canção
Menos cabeça
Mais coração
Porque hoje em dia
Não tá fácil não.

Onde está o ritmo?
Onde está o compasso?
Onde foi parar emoção?

O menino batucava com seus dedinhos
Tirava samba sem nó
Já dizia o poeta
Tem samba de uma nota só.

Eu vi esse menino batucando
Ele olhava direto no olho
Intimidava marmanjo metido
Tamborilando bem no ouvido.

E dá vontade de parar
E onomatopeias mandar
Sonorizar a palavra
Seu sentido encharcar.

E houve quem me dissesse que
minha festa tinha acabado.
Logo pra mim,
Que ando sempre por aí,
A procurar coisas assim,
Como esse menino que vi logo ali.

Passa o tempo
Passatempo
Nessa vida,

Há de se ter samba
E um tormento
Porque vida alguma
Anda sem
Sofrimento.

Não há melhor divã
Que o próprio tempo.

29.
R.I.P?

Escutamos o lapso
Presenciamos o ato-falho
Flagramos descalabros
Inconscientemente entranhados.

Mas, contudo e todavia
Crueldade que encontre na fantasia
Saída digna
Para sua covardia.

Tempos confusos
Covardes saem do armário
Com todo seu escárnio.

Vergonha, embaraço: nenhum traço.
Fantasia, imaginação: não sabem o que são.

Matam e desejam matar
Porque no fundo
Mortos estão.

(E não descansam em paz...)

30.

De geração em geração
Psicanalistas vêm e vão.

Já faz mais de século
Qu'essa tentação
De juntar
Coração e razão
E dar voz pr'emoção
Estilhaça muita prisão.

Um charuto,
às vezes, é só um charuto.
Só que não!

Sabemos que não é fácil
Desarmar grilhão
Corrente pesada de pura tensão.

Preso nas defesas de
Muita explicação,
Escondendo-se da vida
Com pouca noção
De que o sintoma vem
Ele não foge não.

E vida-potência
Amiúda-se em grão.
De poeira inútil
Perdido no chão.

E psicanalistas vêm e vão.
Ah, essa vida
Não requer explicação.
Apensas desinibição.

31.
Concretude psicanalítica

Chega
Entra
Deita
Fala.

Não fala
Espera.

De repente,
Fala, fala, fala.
Para.
Pensa, pensa
Sente
Chora.

Espera.
Escuta.

Faz que escuta.
Fala, fala, fala.

Escuta.
Sente, pensa
Pensa, sente.
Não chora.
Raiva.

Levanta?
Espera.
Ninguém fala.

Fala, fala, fala,
Espera
Escuta
Compreende.

Quase-chora,
Suspiro aqui
Suspiro lá.

Levanta
Abraça (sim, abraça)!
Parte.
Alma parida, uma vez mais.

32.

Leminski avisou

Palavra insiste
Palavra incide
Ninguém decide
O alvo errar

Leminski avisou
Errar pouco não adianta
Errar muito que ensina
Humanidade em-si:
Desatina, patina, desalinha.

Ideais corrompidos
Tiranos distorcidos
Fazem crer humanos-divinos.
(Esses não erram).

Erro grotesco
Que aí, não é só Um erro
É aterro sem zelo
de todo amor.

A palavra, elo-maior: insiste.
Ela há de insistir
Ela não desiste.
Errante que é, persiste
Mostra aqui e ali
Que homens,
Só com erros existem.

Psicanálise é
Palavra incerta
Erro-certo
Erro-erro
Erro-reto
Rima estendida pra fazer dançar ouvidos.
No encontro de estalidos
Antes banidos.

Leia com calma
Parece tudo errado, sem sentido algum
Palavra, erro: insistência comum.

Leia com calma,
Somos sim,
Apenas mais um:
Somos erro-comum.

33.
Assunto d'alma

Quando você sai
Pergunto-me o que vai
Dentro d'alma que não se esvai.

Quando a sessão termina
Pergunto-me o que te anima
Ness'alma que não sossega, só desatina.

Quando a porta se fecha
Pergunto-me se a flecha
Atingiu aquela brecha.

Psicanálise é assunto d'alma
Que não é calma
Que nunca
Acalma.

Psicanálise é inquietação
Que não sossega
Coração.

Psicanálise nem vale a pena
Pra qualquer alma
Que sinta
Pequena.

Sem arrogância
Prezamos pela errância
De alma sem ganância
De pureza que nunca se alcança.

34.

Escolha qualquer um
Farei pra você
Verá a riqueza aparecer:

Comece com A angústia
Para dar o tom de astúcia
De nosso Monsieur Lacan

Pule logo para Inveja e gratidão
Não deixando de olhar
O sentimento de solidão
Melaine Klein te saudará com toda paixão.

Mas, se houve Confusão de Línguas
Ou se sentir
Como Uma criança mal acolhida
Lembre-se, para Pulsão de Morte
Não há vacina.

O gesto espontâneo
Entre o Brincar e a realidade
Dá um banho de Natureza Humana
Com muito Holding and Interpretation.

Se a Primavera não Chegar
Convoque Kahn
E tantos outros que não pararam de inventar.

Bion não pode faltar
Com toda Atenção,
Não escreverei interpretação para não saturar a rima
Com o verso acima
Em que pesem As Transformações.

Psicanálise é coisa estranha
De Mal-estar na Civilização à
Psicopatologia da Vida Cotidiana
Com Totens e Tabus
Sacudindo a hipocrisia da Moral Civilizada
Depois de Interpretação dos Sonhos
Nenhuma vida fica parada.

35.

Para Melaine

Tentei fazer poesia de Melaine, sobre Melaine,
suas ideias ou qualquer elemento.
Não deu.
Inibição quase-total sucedeu.

Foi culpa dela.
Não dá Melaine, que só teve audácia e astúcia
para escarafunchar nossas angústias.

Dissecou a inveja, não esqueceu da gratidão.
Falou de amor, de voracidade e também de reparação.

Açougueira inspirada, navalha na carne
Klein não brincava em serviço,
Isso não é ironia, nem inventaria
Tão pouco raiva antiga.

Mentira, ela brincava, brincou com as crianças
Do trenzinho que batia interpretou fantasias.

Com os filhos de sangue teve lá suas questões,
Com jovens aprendizes mais alegrias que decepções.

Tenho até medo de provocar ira-amiga
Por dela ousar falar.
A arte tem seu perdão (sim, isto é arte!)
Não tem, caro irmão?
Salve Klein, Salve Melaine.
Salve.

36.
Métrica sem medida

Métrica sem medida
Quisera uma sessão fosse pura intuição
Como poesia que nasce em mina
De amor e paixão.

Quisera transferência fosse apenas relação
Como duas estrofes que rimam e
Nem precisam de conexão.

Quisera toda vida fosse poesia
Com métrica assimétrica
Mundana ou épica.

Psicanálise é menos que vida
Mas a vida é tão grande...
Quem precisa de régua

Pra saber onde essa coisa leva?
Alguém já disse que navegar é preciso
Mas que viver...
Ah, viver
Não pode ser um suplício.
Psicopoemas, brincadeiras para o tempo passar,
de psicanalistas que gostam de rimar.

Psicanálise do dia ou da noite

Uns dizem que psicanálise foi feita para noite
Sonhos, desejos e devaneios preferem o escuro.

Outros alegam que é matéria do dia,
Que loucura boa não tem hora, brota em
qualquer horta e tem o sol como energia.

Mas pra que a contenta,
Disputa de valia?
Quando a graça mora na estranheza da vida
No dia que vira noite e
Na noite que vira dia?
Não é isso mesmo a fantasia?

37.
Para Sándor

Dizem que Sándor era intenso demais
Que sua clínica não conhecia limites
Gizella e Elma comprovariam a tese
Dos desatinos do enfant terrible
Sándor era corajoso
Último filho de um pai talentoso
Procurando em Freud alguns consolos
Que ele próprio achava tolos.

Quem não leu, precisa correr
E seu Diário Clínico por inteiro ler
Quanta história intensamente vivida
De um analista que não desistia.

Ferenczi de Budapeste
De uma Hungria que ao lado aprendia

Sem holofotes, sem honrarias
Que psicanálise inventiva
Nem sempre seduzia.

Foi seu ex-paciente, inglês pedante
Mas "político" insistente,
Dominando a cena de uma IPA nascente
Que lançou calúnia tão insolente.

Quiseram esquecê-lo
Deixaram-no muito tempo no escuro
Disseram que nada havia feito
Tanta mentira, tanto absurdo.

Hoje ninguém mais duvida
De sua história e suas conquistas
Sem heroísmo e sem hipocrisia
Quem tenta de verdade, erra de verdade
Entre erros e acertos,
É a verdade que fica.

38.

Foi na Bergstraße 19

Foi na Bergstraße 19
Que a loucura falou em vida
O sonho fantasia
A alma nunca mais vazia

Anna O, Miss Lucy
Homem dos lobos
Homem dos Ratos
Pequeno Hans
Eternas imagos.

Consciente
Inconsciente
Cérebro só, nada sente.

O neurocientista
Desencantou-se do laboratório
Foi pro divã
Corpos nunca mais dormentes.
Eternizaram Old Sig, o bruxo, para sempre.

39.
Vazio-não

A fala e a escuta
Se misturam em transa maluca.

A fala e o silêncio
Se misturam a todo momento.

A escuta e o silêncio
Entremeiam-se nos tormentos.

Fala, escuta, silêncio.
Temperados à gosto
Cozinhando em fogo baixo
Alimentam qualquer desalento.

40.
Lapso

Eu não queria ter dito isso
Eu não queria

Eu não
Eu
Não.
Nem eu.

Isso se diz
Isso
Prescinde d'eu.
Inclusive de mim.

Isso, pasmem,
Se diz,
Simples assim.

41.
Dor

É a dor que fala
É a dor que cala
É só de dor
Que a gente acaba.

Deite ali
Deixe a dor sair.
Ela não vai sumir,
Mas, deixe parte dela aqui.

42.
Atraso

Pacientes se desculpam pelo atraso.
Mas é sempre o trânsito.
Nunca é culpa.
Então, por que tanta
Desculpa?

43.

Sala de espera

Entra e espera
A porta aberta
Não deixa mente quieta
Mente?
Manter: mente quieta
Quietamente.
Quieta!

44.

Umbigo do sonho

Até o sonho tem seu umbigo
Fulcro inaudito de mistérios guardados.

Não consigo pensar em umbigo
Diferente dos umbigos conhecidos
Meio enrugados, meio escondidos
Entre dobras de gordura
Ou também exibidos
Em barrigas torneadas sem nenhum
quilo.

Mas será o umbigo do sonho
Também a abrigar?
Aquele mau-cheiro
De não se limpar?

Umbigo do sonho
Umbigo-onírico
Feito qual o outro que trago comigo?
Talhado em bisturi pra se desatar do
cordão
Que liga cada um de nós, como se
passando de mão em mão?

Umbigo do corpo e umbigo do sonho
Marcos de marcas de nascimentos infinitos.
Ligam indivíduos
Limitando seus vínculos.

45.

Eu preciso me entender
Parar de procrastinar
Mandaram tomar remédio
Mas análise quero tentar.

Análise não é remédio
Mesmo que possa aliviar
Saiba que não há resposta fácil
Menos ainda palavra-mágica.

Então é um mau negócio
Isso de se analisar?
Não tem garantia, nem magia
Nada pra confortar?

Mais ou menos por aí,
Uma viagem para dentro de si

Que mexe aqui, acolá
Ajuda um pouco a navegar.

E alguém muito importante
Já disse uma vez:
"Navegar é preciso
Viver não é preciso".

Da precisão do precisar
Deite-se no divã e se coloque a associar
Livre, livremente
Para onde sua mente levar.

46.

Paciente que pouco sofre

Não gosto de poesia
Não gosto muito de ler
Driblei a literatura
Mal sabia do adoecer.

Julgava-me esperto,
Quem pouco esforço teria
Ler, estudar, trabalhar
Eram coisas que meus pais queriam.

Sempre tentando ganhar
Escorregando aqui e ali,
Brincando de confrontar
Peguei gosto no transgredir.

Acho que chegou a hora
Dessa história mudar
Mas quem me diz agora
O que é que vou ganhar?

Meu analista me disse que só penso em triunfar.
Ganhar de todo jeito
De qualquer um
Em qualquer lugar.

Limites, limites, limites
Todos me dizem que preciso aceitar
Mas eu gosto mesmo é de saber que
Sou o cara que só sabe ganhar.

47.

Lembranças encobridoras

A lembrança encobridora
Esconde e desvela
O gosto de outrora: prováveis primaveras
O choro perdido: dores presumíveis.

Somos engenho de emoções
Perlaboração permanente de sensações.

A lembrança encobridora ajuda deveras
Configura reconfigurando
Tempos outros
Nos quais cada um de nós "era".

Era o menino que disputava com o pai
A menina que invejava a mãe
Os irmãos que se engalfinhavam de ciúmes

Os corpos que pulsavam de prazeres
sentidos, mas desconhecidos.

A lembrança encobridora é linha que conduz
Alinhava histórias perdidas
Misturadas em imagina-ações.

Quem há de se esquecer dos
Cheiros, gostos e choros sentidos,
Guardados habilmente em lembranças
e mais lembranças?

Lembranças encobertas ou memórias que não morrem?

48.

Ilusão é doce gostoso
Que alimenta açucaradamente
Qualquer mente que sente
O gosto da imaginação.

Ilusão é que nem leite de mãe
Precisa jorrar de seios fartos
Inundando nossos lábios e
Acalentando nossos corações.

Sem ilusão adentra o real
Em doses mortíferas
Com peso de chumbo
Erva-daninha que mata emoção.

Mas só de ilusão
A mente engorda

Recusando castração
Voando pelo espaço
Fugindo de todo não.

Que dose é essa
Que precisamos calibrar
Pitada de real em prato de ilusão?
Ou
Fatias de ilusão em ranchos de realidade?

Quem é que pode dizer...
Senão a vida a acontecer.

49.

Inquietante aprendizado

Ele disse que passou horas e horas no divã
E as horas se acumularam e quando viu
Anos é que tinha se passado.

A sensação que ele teve era bem estranha,
Em dado momento sentiu que estava sozinho ali,
Falava para alguém que muito pouco lhe devolvia.

Insistiam para que continuasse na análise,
Que aquilo lhe faria bem,
Com medo de confiar em si mesmo,
Continuou sem se sentir bem.

Apesar da estranheza, algo lhe veio à cabeça
Ninguém lhe impunha nada,
Estava ali buscando inteireza.

Se o que recebia lhe parecia bem pouco
Caberia a ele próprio reagir
Levantou-se então daquele divã sem
nem querer se despedir.

Levou consigo uma certeza:
Jamais se sentiria novamente
Falando com o vazio.

Não é que aquela análise, por fim, o ajudou?

50.

Setenta e duas horas

Setenta e duas horas
seria a duração máxima
de um bebezinho.

Em-si e
Por-si
Morreria:
Três dias
se tivesse sorte.

Mas, antes disso
a cada hora que
passa
sozinho
a solidão destrói.

Já pensou
nisso?

Não há
mente
que
aguente.

51.

Pedro-Paulo

Mas, se Paulo quando fala de Pedro
Fala, na verdade, de Paulo,
Quando é que Paulo fala de Pedro?

Quando é que falo do outro, outro-mesmo
Sem defletir sobre mim, mim-mesmo?

Narcisismo, narcisismo
Transforma tudo em eu-mismo
Ainda bem que, desde sempre,
Alguém lembrou que o não-eu existe.
E olha, existe-mesmo.

É muito fácil denunciar o eu-mismo alheio
Falando por último

E nunca dizendo a que veio
(Já viram psicanalistas assim, não é?).

Paulo fala de Pedro para...
Quem é que escuta?
Como é que escuta?
Se é fato que há projeção
Há também negação, negação na escuta.

E esse papo-biruta
Não é biruta que corre com o vento
Não é relativização de tudo e de todos.

É sentido novo,
Reconfiguração do conhecido.

52.
Tratamentos

Trepanação
Exorcismo
Castigo ou
Internação

No começo era
Magia
Tortura ou
Prisão

O tratamento moral
Era imperativo categórico punitivo
Para desrazão
E também para a paixão

Contudo, não adiantou
Encarcerar gente na cela

Dar banho gelado
Ou mandar caminhar no bosque encantado.

Depois, vieram os choques
Malária, insulina, Cardiazol ou
A simples eletricidade
Descoberta acidental dos porcos amansados

A pessoa-objeto
Reduzia-se à manipulação.

Não seria tudo mera infecção?
Sífilis terciária!
Oxalá a salvação.

Cérebro-coisa
Cérebro-ambulante
Coloriram neurônios
Vendo dendrito e axônio.

Pouco mudou.
A moral não curou.

Calhou que aquele ouvido
Do erro e do sonho

Do lapso nada enfadonho
Ficou com vontade de conversar.

A cura pela palavra
Do próprio pecador
Revitalizada pelo ouvido escuta-dor
Inquietantemente
Na cultura se instalou.

Aos choques se somaram as drogas
Pílulas, injeções.
Produção industrial
Para mente comportada?
Coerção silenciosa
Maliciosamente infiltrada
No mundo artificial de gente muito bem-comportada.

É pouco!

53.
Charlatão!

Charlatão!
Acabei de ler no jornal
Que vocês são todos charlatães
Pseudocientista.

Charlatão!
Eu disse isso, viu?
E seu Freud?
Aquele perverso.

Charlatão!
Só quer meu dinheiro, não é?
Vai ficar calado?
É isso que sabe fazer?

Charlatão!
Psicanálise, acupuntura
Homeopatia, tudo a mesma coisa.

Charlatão!
Eu sempre soube
Não é ciência né?
Você me hipnotiza aqui, você me seduz.

Charlatão de uma figa!
Vou embora viu?
Não volto
Não pago.

Charlatão!
Falso e mentiroso
Tchau.

.... na sessão seguinte ...

54.

Sentimento oceânico

Queria ter estado do ladinho de Sig
Quando ele conheceu o mar.
Que será que sentiu quando viu
Aquele monte de azul?
Tudo bem que não eram lá esses mares como
os nossos do Atlântico Sul.
O que será que pensou quando
O barulho das águas o tocou?
Terá realmente desprezado
Aquele sentimento oceânico?
Duvido.

Fosse ele abençoado como alguns de nós
Tendo molhado corpo e alma nas águas salgadas
Desses mares feitos sob medida
Teria se derretido.

Nunca, jamais teria usado
Oceano
Em expressão de valor menor.

Ora bolas!
Troquemos logo "sentimento oceânico"
Por sentir o oceano
Quero ver alguém resistir a essa mistura insana
Da água que acalenta
Qualquer alma que apanha.

55.

Um breve soneto

Na profundidade da mente o véu se ergue,
Freud, o bruxo, remexe o inconsciente,
A psicanálise revela e assombra,
Os segredos ocultos do pensamento.

Do divã, emoções se desdobram,
Livre associação, viagem na mente,
Traumas, desejos que o ego assombra,
Caminho para a cura, o inconsciente.

Eros e Thanatos, pulsões em conflito,
Complexo de Édipo, desejo reprimido,
Abriram-se os portões da psique proibida.

Desvendadas, as máscaras do sujeito,
A psicanálise, arte e ciência unidas,
Em busca da verdade que habita no íntimo.

56.

Convivência com um narcisista

O paciente esfregando a testa reflete:
As relações raramente são equilibradas
Contabilidade emocional difícil de ser calculada
Trocas concretas são precificadas
Trocas de vínculos são absolutamente subjetivas.

Juntando as mãos, entrelaçando os dedos:
Quanto se dá?
Quanto se recebe?
O que se dá?
O que se recebe?

Em tom de lamúria:
Eu dou muito

E recebo pouco.
Posso cobrar?

Mais lamúria:
Eu já sabia disso
Sempre foi assim
Não posso cobrar
Aceitei essa forma de amar.

Amar?
O analista irritado
Bate o pé ao seu lado.
Vai dizer que isso é amor?

57.

O inconsciente está na linguagem
Está no corpo e
Também no espaço
Entre mim e ti
Entre tu e os teus.

É inconsciente porque
Somos excesso e somos falta
Somos restos de vidas sonhadas
Somos partes desalinhadas
De histórias mal contadas.

Eu me sento a escutar
Falas verdadeiras
De gente verdadeira
Que busca como eu
Sentido no caos.

58.

O conhecido e não-pensado

Conhecido e não-pensado
É daquelas expressões
Que abrem os poros da gente.

O corpo conhece
A mente conhece
A história conhece
Conhecem sem-pensar.

O conhecido
Está ali a causar alguma coisa
Quase sempre algum mal-estar
Do que adianta conhecer sem pensar?

O conhecido não-pensado
Fixado ou pulverizado

É cano-furado, vazamento de libido
Ou
Água-parada
Onde só brota mosquito.

Bollas cunhou essa expressão
Celebrando as vivências de cada análise
Sabedor das dores
Per via de Amore
E pelas estradas da criatividade
Sem vaidade excessiva com seu suposto-saber
Ajudando a reorganizar
O pensar e o conhecer.

59.

Hermenêutica da singularidade

Fale, fale o que vier à cabeça!
Sim, exatamente isso aí.
Não se ocupe do sentido
Parece mesmo estranho.

Não quer falar?
Fiquemos quietos, é possível esperar.
Sem pressa, sem urgência
Calma, sossego, tolerância.

Você quem decide!
Psicanálise é sobre isso aí dentro
Dá medo,
Vergonha e hesitação.

60.
Freud explica

Entre psicanalistas corre solta
A mais falada Verdade:
Freud não explica!
Freud não explica, bobinhos!

Se você fosse uma mosca e participasse
Das reuniões e conversas dos ilustres colegas
Certamente escutaria que
Freud não explica nada.

Discutem e rediscutem
Sonhos, lapsos e atos falhos.
Repetem exaustivamente:
Bobos: Freud nada explica.

Aquela mesma mosca
Psicanálise estudasse
Aprenderia o belo e útil conceito:
Denegação!

Então, aquela mosca tolinha entenderia
Que falar aos outros é fácil
Quando se tem lá dentro, sigilosamente guardada
A mais íntima convicção.

Cuidado mosca!
Não fale nada!
Não ouse dizer nada.
Mantenha sua cara de mosca-morta
E repita com o coro:
Freud não explica
Freud não explica
Freud não explica!
Freud-não-explica
Freudnãoexplica.

61.

Da biografia do Nome-do-Pai

Jacques era casado com Malou,
Maria-Louise Blondin.
Georges casado no papel com Sylvia,
Sylvia Maklès, já vivia com Colette e depois com
Denise, Peignot e Rollin, respectivamente.

Jacques se apaixonou por Sylvia
Malou está grávida de Thibaut.

Sylvia se torna mãe de Judith
Judith não pode receber o nome do pai Lacan.

A filha do pai
Da teoria do nome-do-pai
Não era nenhuma ficção

Nascendo Bataille
Por apenas algum tempo foi Lacan

Porque logo adotou Miller
Nessa confusão aparente dos
Paradoxos imanentes das vidas de todos nós.

Entre as leis dos juristas
E as leis do coração
Mães e pais nunca são mera ficção.
Os filhos também não.
Questões infinitas que nenhum divã soluciona

Entram para história
Como história
Estória
Fofoca
E até como teorias.

62.
Técnica do café

Mas, qual sua técnica?
Como é que você faz?

Por que volto aqui?
E você sentado aí?

Me disseram que não é técnica
Que é método,
Que você tem um método rigoroso.

Eu não sei.
Gosto do seu jeito
Você me escuta, não escuta?

Às vezes acho que não,
Mas vem aquela fala certa
E mexe comigo.

Método rigoroso?
Mentira! Você me oferece café!
E aquele abraço no final da sessão?
Você não conta pra eles, não é?

Mas a conversa não é só uma conversa,
Eu sinto.
Tem aqueles silêncios,
E também aquelas gargalhadas.
Não pode ser tudo calculado.

É?

Ora bolas,
Quero saber!
Tenho esse direito,
Quero aprender. Quero só aprender.

Tá bom.
Por hoje, só por hoje, eu paro de perguntar.
Aceito sim, mas esse café.
E não trouxe o dinheiro para te pagar,
Esqueci.

63.

Fura-papos

O Papo-furado
Dos papudos-faladores
Não é o furo no papo
De vidas esburacadas.

Um bom papudo
Fala, fala, fala e não diz
Quase nada.

Um bom papudo, um papudão
É narcisismo quase puro
De tanta autoveneração.

Os analistas encaram esses papudos?
Furam seus papos obtusos
Sem medo de perder o honorário incluso?

Lacan percebeu essa falação,
Furou alguns papudos
Mostrando-lhes a goela:
Parem com essa falação!

Mas, dos analistas que li
Foi Kahn quem encarou de frente
Papudos-faladores
Causou-lhes dores, algumas dores.

Certa vez encontrei papudão desse
No meu divanzinho
Escutei, escutei, até com carinho
O papudo não enxerga senão si.
Onde estava a dor?
Não havia mais.
Ele a havia banido, feito-a evaporar.
O bom-papudo é self-made
É mérito atrás de mérito.

Um dia lhe falei da sua vaidade.
Era preciso furar aquele papo
Furei.
A fala precisa fura-papos.

"Vaidoso? Egoísta? Cruel?"
O gesto-espontâneo também fura-papos.
Reclamou, protestou e foi-se embora.
Nunca mais voltou.
O papo secou?

Papudos, atenção:
Psicanálise não é ostentação.
Pelo menos para muitos.

Papudos, que seus papos
Uma vez furados
Façam-vos reencontrar
A dor necessária para viver
Destronando-vos de vosso pobre suposto-saber.

64.
Lib...ID...o

Libido
É sinônimo de tesão
No caso da língua portuguesa.

Nada de energia psíquica
Nem energia mental
Tesão, com a boca cheia de ão.

Sorte a nossa
Falantes dessa lindeza de língua
Libidinal e libidinosa a não parar mais.

Palavra melhor não haveria
Para essa tal energia
Inteireza-suculenta cheia de vida.

Não me venham com
Destesão
Nem atesão
Menos contratesão ou antitesão.

Repitamos à exaustão
Para evocar o tesão dos tesões
E animar a vida plana de todo dia:
Digamos:
Tesão.

Sem tesão
Não dá.

Viu só,
Como enche de energia?
Justamente aquela ali de cima.

65.
Catálogo

Neuróticos
Psicóticos
Melhor seria assintóticos
Todos assintóticos:
"Linhas em curva-plana de distância infinita
em relação ao ponto P".
O que será isso mesmo?
Pois é.

No panóptico do zoológico-humano
Todos temos nosso sufixo
Mesmo que a vaidade diga o contrário
Você, eu e eles:
Caóticos
No caos-cósmico dessa vida-ilógica
(mas não era pra mudar a rima...)

Vida-ilógica
Vida-caótica
Muito melhor que aquela vidinha
Aquela normótica...

66.
Klein

Posição-depressiva

      P o
      Si
    ç ão
   es
qu
                        izo

P   a   r   a
N
  O
    i
D   e.

67.

Sem sonho não dá

Mas eu não lembro de sonhos
Insiste ele, firmemente.
Aliás, tenho certeza de que não sonho sempre
Repete, repete.

Na sessão seguinte
Diz de novo:
Por aqui não há sonho
Eu não sonho, ora, qual o problema?

O analista insistia
Resistências, resistências?
Inibições ou simples e tristemente
Ausência?

Ausência sem trauma?
Vida sem dor?

Sono sem sonho?
Inteligências artificiais dos tempos atuais?

O analista aceitou
Não havia sonho porque não havia sonhador
Passou a escutar sem esperar nada
Nem sonho, nem lapso, nada.

Nada veio
A fala numérica mimetizava uma vida binária
Zero ou um, um ou zero
No máximo, na planilha, no Excel.

O analista, entretanto, sonhava
E logo viu, a criancinha sem vida
Operativa e atarefada
Sem sonho, sem mágica.

Não, não é apenas conflito de gerações
Ou será?
O analista que sonha
Vira matemática?

Incapaz, impossível
Sem sonho: não dá.

Ele abandona o ofício. Fim.
A normopatia vence,

Sério? Ela vencerá?

68.

Queria discordar de Freud

Freud, por que Édipo?
Por que o desejo antes da necessidade?
Você conheceu a história das crianças-selvagens?
Aquelas que pouquíssimo contato com gente tiveram
Abandonadas à sorte
Rugem, mugem ou cacarejam
Latem, miam e engatinham
Sequer bípedes se alinham.

Não adianta ter 23 pares dos mais belos alelos
Porque a potência pré-posta
É apenas e apenas uma aposta
Ela dura apenas algumas horas
O tempo da reserva de glicose
E não é verdade que está tudo garantido
Veja as crianças-selvagens
Cuja linguagem é aquém do primitivo.

Quanto mais precoce o abandono
Menos desejo na veia corre
Não me venha com teorias apressadas
Porque literalmente não cola
O desejo da necessidade satisfeita brota.

Édipo teve a sorte
De Pólibo e Méribe.
Não tivesse: sucumbia.
Desejo algum de tamanho abandono se encarnaria.

Portanto, Freud
Discordo de você, e daqueles que essa
Verdade-verdadeira parecem desconhecer.
Olhe as crianças-criadas-com-animais!

69.

As voltas que o Narcisismo dá

Espelho, espelho meu
No século XXI nem preciso de você
Me dá só aquele like
Que eu, ah Eu...

70.
Uma linha do tempo qualquer

1890: da hipnose à livre-associação, Sig em ação.
1900: o sonho ganha interpretação, círculo de Viena, Suíços e Alemães.
1910: começa a institucionalização
1920: diz-se do mergulho da segunda-tópica
1930: Klein e as crianças, Lacan e a paranoia, fuga em disparada para a América-complicada
1940: sobrevivendo e se consolidando, os Ramos se esticando.
1950: ego nos Estados Unidos, linguagem na França e objetos na Inglaterra
1960: Donald e Wilfred independentes e livres
1970: Psicanálise é moda mundo afora, grife cara deixa-se encastelar, críticas batem à porta. Ditaduras latino-americanas, Argentina, Brasil e Uruguai ameaças reais.

1980: Pontalis, Laplanche e franceses em expansão,
com a psiquiatria do DSM-III grande cisão.
1990: Ferro, Green, Bollas é sempre injusto
citar, faltam nomes importantes, sempre.
2000: contemporâneo é palavra da moda, é
preciso se reinventar? Que história é essa de
neurociência retomar?
2010: difícil síntese do tempo próximo,
tempo das redes, de se reconectar?
2020: pandemia mundo afora

Breve pitadas de uma história recente
História por vezes recusada,
Tratada maliciosamente.
Transformada em folhetim de fofoca
Esfarela o conjunto e dificulta reformas.
História sempre falha,
Como deve ser todo gesto humano.

71.

O trauma

Dói.
Mas ele não sabe que dói.
Então,
De vez em quando corrói.
E, mesmo sem querer,
Destrói.

Dores silenciosas e
Muito escondidas
Na pele, nas entranhas
Nas memórias nunca pensadas.

Dores conhecidas
Dores antigas
Dores mascaradas
Que navegam entre vivências
aparentemente desconectadas.

A livre-associação
Nas palavras, gestos e emoções
Mexe nessas dores do fundo.

O analista, que acompanha em flutuante atenção
Por vezes enxerga e
Tenta dizer.

Palavrear
Pôr em prosa
Não deixar no deserto
Das dores doídas e silenciosamente barulhentas.

As resistências são muitas
Porque a dor é muita
E dói deveras aceitar
Os remédios das falas do outro.

Falando sozinho
Sentindo sozinho
Pensando sozinho
Não se sai do lugar.
Dói, doeu e doerá.

72.

Estilos de analisandos

Ele chega e logo se deita
Ela chega e nunca se deita
Ele entra e mal espera
Ela não entra, sala de espera.

Ele toca campainha
Ela não bate na porta
Ele quase soca a porta
Ela errou a entrada.

Ele sempre pega um copo d'água
Ela sempre um café
Ele nunca aceitou nada
Ela, ousada, pede cafuné.

Ele tira o sapato para o divã
Ela se joga dentro do divã
Ele rasgou a poltrona de ansiedade
Ele passa álcool gel insalubremente.

Ele paga em dinheiro
Ela paga com pix
Ele sempre erra a data e o valor
Ela, pagamento, depende do humor.

Ele nunca chorou
Ela chora de derreter
Ele grita, urra e esmurra
Ela, baixinho, quase não se deixa ouvir.

Ela, perfumada
Ele, bem fedido
Ela com aquele perfume barato
Ele, barbeado e engomadinho.

Ela fala mansinho
Ele tem um sotaque terrível
Ela, aquela risada sombria
Ele, malícia e ironia são estilo.

Ele só escreve mensagem
Ela grava e regrava áudios
Ele gosta do telefone
Ela nunca quis sessões online.

Ele veio e nunca voltou
Ela, pulou, pulos e ficou
Ele nunca abandonou
Ela, enfim encontrou.

Tantos eles
E tantos elas
Incluindo neles todos eles
Sem precisar, precisar quem.

Buscar e rebuscar
A escuta, a fala
O corpo, o desejo
A vida que não quer naufragar.

73.

Perverso polimorfo

Dos vários termos criados pela Psicanálise
Perverso polimorfo é daqueles bons de ouvir.
Gosto de pensar na inquietação de Sigmund
Mesmo sabendo que não era assim um revolucionário.

Mexer nos tabus do corpo, do sexo, do ódio e da morte
Não era tarefa assim tão fácil
Para um judeu vienense do século dezenove.
Hoje, parece trivial.

Seres emocionais
Pulsando em busca de prazer
Por menos que possa parecer
Por mais estranho que possa soar.

Seres pulsionais
Sem metas pré-definidas
Sem destinos pré-definidos
Sem identidades pré-formadas.

74.

Chatice

Certa vez perguntaram para Winnicott
Qual melhor critério de indicação de uma análise.

A chatice.
Donald foi taxativo.
Os chatos merecem se dar uma chance
E se deitar em algum divã.
Levar sua chatice para passear
Largar a mão dela
Deixando-a brincar livremente na análise
Ocorre vez ou outra dela se abrigar em algum colo
Ali, aninhada e não julgada
A chatice pode ser cuidada.

Por que raios alguém fica chato?
Porque pede e não tem atenção do outro, ou
Porque recebe, mas recusa o que o outro lhe oferece.

Quanto menos atenção, maior o berreiro
Escalando ao insuportável da querelância.

Se a recusa é intensa
O saco é sem fundo.

Temos então dois chatos:
Aquele de barriga-vazia
Aquele de barriga-cheia.

Pode haver outras chatices
Como aquela da barriga-chapada
Onde a vaidade obscena
Não se deixar afetar por nada.

75.

Narcisismo

Vê-se nesse exemplo da espécie humana
Condição exemplar da idolatria por si mesmo.

Ama senão a si mesmo.
Confia senão em si mesmo.

Sente-se possuidor de algo especialíssimo
Sente-se injustiçado e não reconhecido pelo mundo.

É o único que fala verdades
É o único que jamais mente.

Nasceu assim.
Nada recebeu.

É expressão máxima da certeza.
É talentoso e singular.

O mundo é senão espelho de si
Projeção infinita de seu eu.

Há narcisistas do bem
Sem medo do termo.
São aqueles que têm esperança.

Há, porém, narcisistas do mal
Sem medo do termo.
Para quem a esperança morreu.

Não há vacina para nossas doses narcísicas
Mas, não é tão difícil estabelecer os crivos
Daquilo que é suficiente.

Nosso mundo do consumo
Vende e egolatria como insumo.

"Ame senão a si"
"Você se cobra demais"
"Danem-se os outros"

Você você e você
Ou melhor: eu, eu e mais eu.
Eu, infinitamente eu
O bebê mais perfeito de toda humanidade.

76.

Amargo

Quem não fica encabulado
Quando sente o ódio entranhado?

Quem não fica perturbado
Quando sente a fúria que exala?

Quem não se molesta
Quando a ira o atravessa?

Quem não se desassossega
Quando a inveja se apodera?

Quem não se desorganiza
Quando o ciúme se você exprime?

Quem não se assusta
Quando a própria violência o repuxa?

Quando cheguei para aquela sessão
Sentia-me lindo, belo e são
A vaidade me protegia
Esse tanto de sentimento recusava.

Ao ser atravessado
Pela fala aguda no momento preciso
O amargo saiu do esconderijo.
É, é amargo, não escorre pelo ralo.

77.
Trivial

Cheguei hoje para minha sessão
Não havia nada para falar
Deitei-me, costumeiramente, no divã
E me dei conta da passagem do tempo.

Há anos saio de casa
Nos mesmos dias, quase na mesma hora
Dificilmente, chego atrasado.

Fiz amizades pelo caminho
A moça da banca, o vigilante do prédio
O vendedor de fruta, a mulher do açaí.

O silêncio fez sentir que realmente vivi tudo isso.
Pode parecer bem trivial
Mas fui eu mesmo quem estava ali.

Com o tempo,
A urgência de resolver a vida vai passando.
Dá pra saber na pele.

Se a gente contar pra alguém
Que às vezes a vontade é só essa
A vontade de estar
Muitos vão achar que é uma loucura absurda.

Tempo
Dinheiro
Expectativas
E... às vezes, silêncios.

O sopro da vida
Que os gregos chamaram alma
Não precisa de muito para florescer.

78.

Histeria é misoginia

Se eu pudesse voltar no tempo
Perguntaria pra Sigmund se ele sabia
A história do termo histeria.

Indagaria se ele reconhecia
O peso do preconceito dos séculos
A misoginia embutida na histeria.

Não, não é anacronismo.
Nem acusação
É curiosidade.

Freud você sabe que
Os bons gregos da antiguidade
Achavam que
Metra, hystéra ou delfis

Vagavam pelos corpos femininos
Como alienígenas em plena viagem
E que depois com os romanos
O uter transitado em julgado
Continuou culpado por crime não praticado.

Por que Freud, você não quis mudar esse nome?
Tinha a faca e o queijo na mão,
Tinha a prova de que as censuras e repressões
O repúdio ao feminino
Forjava patologia que insistia em negar
A opressão violenta sobre a mulher.

Não é acusação, nem julgamento fora do tempo.
Freud fez muito.
É curiosidade e tentação
De mexer nas estruturas.

A misoginia é a base da exploração.

79.
É ou não é

Psicanálise não é poesia
Poesia não é psicanálise

Psicanálise não é cinema
Cinema não é psicanálise

Psicanálise não é literatura
Literatura não é psicanálise

Psicanálise não é música
Música não é psicanálise

Psicanálise não é teatro
Teatro não é psicanálise

Psicanálise não é dança
Dança não é psicanálise

Psicanálise não é arte
Arte não é psicanálise

Psicanálise é trabalho
Psicanálise é método
Psicanálise é terapêutica
Psicanálise é teoria

Psicanálise não é comércio
Psicanálise não é religião
Psicanálise não é medicina
Psicanálise não é também psicologia

Haverá quem proteste
Dizendo que sim, é
Ou batendo o pé
Dizendo que não, não é.

Para esse analista aqui
O enigma segue bem vivo
E a invenção do bruxo de Viena
Não se rende à sumários objetivos.

Do que é que estamos falando, mesmo?

80.

Palavrear

O analista metido quer escrever
Ele, que fica metido em tanta história
Decide intrometer-se no mundo das palavras
Mas, hein? Falta muito.

Ele sabe, mas ele insiste
Porque alguém disse que vale a pena não desistir.

Falar do infalável
Dizer do indizível
Pensar no possível
E sobretudo no impossível

Deixar para lá qualquer rococó
Achar aquela Simplicidade
Que faz poesia com qualquer
Pedaço de verdade.

Analista metido
Meta-se no seu ofício
Palavras não jorram de orifícios
E, principalmente, pare com essas rimas.
Vá trabalhar.

81.

Gravidez invisível

As palavras vivem estado de gravidez-permanente.
Não importa nada como foram fecundados
Se pelas vias naturais ou se feitas em laboratório.
Importa só que possam nascer.

O parto natural ou não
Também nada importa
Porque mesmo nascendo
Elas continuarão prenhes.
Importa só que venham à luz.
Desprendam-se dos úteros
E se mostrem ao mundo.

As palavras sempre interessaram psicanalistas
A linguagem, os discursos, os lapsos e intercursos.
Foucault crítico tenaz: disse precisamente

Sigmund Freud foi o responsável
Deu voz às loucuras
Porque escutou loucos e loucas como
Nunca se havia feito escutar.

Genial.
De nada adiantava ter saído da prisão
Nascendo como doenças
Para entrar nos manicômios
Sepultando-se como doenças.

As palavras, as coisas
Os símbolos e suas representações.
Ninguém conseguira ver, escutar ou entender
Que falavam aqueles loucos? Era melhor esquecer.

Freudinho, foi querido, queridíssimo pela mamãe.
Menino inteligente, gostava da língua
Falada ou escrita.

Sabe-se lá se foi a mamãe, quem sabe o pai.
Fato que Freud encontrou e se deixou encontrar
Pela vida nas palavras
Que ninguém imaginava habitar:
Loucura livre alçou voos e pôde enfim sonhar.

82.

Falação

Falação
O analista em silêncio
Recusa a gratificação
Da fala compulsiva por atenção.

Em tempos de excesso
O silêncio é exceção
Sossegar-se um pouco
Produz aflição.

Mas que fala humana não quer atenção?
Que voz, que sussurro
Se contenta com o vão?

O silêncio-demais não
Criou confusão?

Aprofundou o caos
Romantizando a solidão?

A fala-demais não é só compulsão
É fala-denúncia
Desejo de afeição
Que os tempos modernos recusam escutar.

Seremos no futuro próximo todos
hiperativos e desatentos
E, ainda assim:
Negaremos, veementemente, qualquer carência.

83.

Confusão de línguas: pequena lembrança de algo sumamente importante

Não vos esqueceis:
Das linguagens do desejo
A ternura precede o furor.
Quem isso não entende
Jamais conhece o amor.

84.
Silêncio

Meu analista não fala quase nada e o seu?
O meu também não.

Que coisa maluca, não é?
Bota maluco nisso.

Mas, você já reclamou?
Diversas vezes!

Eu também.
E aí?

Nada aconteceu.
Ficou falando sozinho?

Isso.

Eu também.

Mas, ele me dizia que estava ali.
A minha analista também, sempre dizia isso.

Pois é, mas isso, não me dizia quase nada.
Para mim também não.

Eu sei que ele estava lá, você também né?
Exato, isso mesmo, sempre soube disso.

Um dia arrisquei não falar nada.
E daí?

Entrei mudo, ficamos mudos e saímos calados.
Puxa, sentiu raiva?

Muita raiva.
E?

Parei a análise.
Olha só, sério?

Seríssimo!
Mas eu não quero parar, sabe?

Sei.
É, que fazer, não é?

Pois é.
Olha lá, minha analista, ali na padaria, tomando café.

Como ela fala!
Ela fala, não é? Na padaria ela fala, vou esperá-la sempre ali, na padaria. Tá decidido.

85.

Masoquismo?

Que confusão essa entre dor e prazer
Mistura difícil de se ver
Ilude a lágrima viva
E cala o grito doído?

Como foi que a dor tão certa
Das feridas abertas
Do sangue de cor
Mentiu-se tão bem
E nunca se mostrou?

Quando o gozo-artifício
Do sorriso-sombrio
Fez esconderijo lascivo
No labirinto torto do desamor?

Por que não grita bem alto
Não chora bem forte
Da falta de sorte
Que a dor te causou?

Coragem é sofrer sem prazer as dores doídas
Sem enganar-se com falsos regalos
Gozos-ordinários e vícios otários
Tolos-embalos de profundo rancor.

Sofra, meu amigo, sua dor.

86.
Loucura

Loucura é palavra proscrita
Pela higiene mental da purificação
Filtrada do peso dos séculos
Objetivou-se nos códigos numéricos.

Por um lado, menos pavor
Algarismos neutros não falam de dor
F20 F32 F60
Seja qual for.

87.
Fetichistas

Fetichistas recortam a parte do todo
A parte do todo e aparte de todos
Querem ter tudo
Escondidos bem ali
Quase-no-escuro.

Não há muito problema
Se a parte é um pedaço de corpo
Um nariz brilhante ou
Uma fita de couro.

Não importa muito
Quando esse tudo que querem
Dor alguma
Inflige ao outro.

Todavia, se o fetiche é mais complicado
Como aquele do profissional ali do lado
Que nada quer do outro
Senão seu próprio gozo redobrado
Não se pode negar o problema
Do uso do outro denegado.

E quando vemos então
Inclusive psicanalistas de plantão
Que fazem da psicanálise-profissão
Fetiche adoçado para sua bel-adoração
Deixando minguar pacientes em solidão

Regozijando-se em teorias e técnicas
Que de cuidado com o outro
Nada são, senão mero jargão.

88.

Gerundiando

A gente vai sendo
Sem se dar conta
Apenas vivendo.

Lá, em algum momento
Sentimos que sentimos e
Pensamos que pensamos.

De repente, alguns espantos
O mundo que parecia chocolate infinito
Perde um naco de encanto.

O corpo inconsciente de criança
Vira sede daqueles prazeres
Com seus medos e descobertas.

Adolescemos adoecendo e nos curando
De paixões de encontros e desencontros
Percebendo um mundo cada vez mais estranho.

Aquele Sigmund achou que valia a pena
escutar de perto esse processo maluco.
Conversando sem parar, existindo com menos tributos.
Reencontrando algumas coisas perdidas
Esmerando diamantes-brutos.

89.

Barriga-vazia: necessidade infinita

Há gente que não quer só comida
Há querer além da comida
Essa gente menos sofrida
Das necessidades abastecidas.

Há gente que SÓ quer comida
Porque diversão e arte
Em barriga vazia
Nem cócegas faria.

Esfomeados não são vistos
Sua fome jamais paralisa
Pulsão de vida alguma irriga
Quando a barriga vive vazia.

Fome é real
Simbólico nenhum cuida desse mal.
Imaginário talvez
Enlouquecendo esfomeado de vez.

Então, é de empatia que se fala
Quando a barriga se esfola
De cólicas do vazio-real.

Não me venha com chorumelas
Interpretações e outras teorias
Que recusam a realidade mais real:
A infame existência das barrigas-vazias.

(As mentes assim ficam cheias... cheias de ódio.)

90.
Destino?

Por que comigo? Ele se pergunta.
Por que comigo? Ela se pergunta.

Será o azar?
Será o carma?
Será o destino?
Puro desatino?

Eu não merecia, ele diz.
Eu não merecia, ela diz.

Ninguém merece.
Mas às vezes, acontece.

Freud disse do determinismo psíquico
Para alertar sobre a força do instinto.

Será mesmo?
O destino, imperativo desassossego?

Entre mortes mordidas e mortes matadas
Acidentes da vida ou coisa premeditada
Acontece.
A dor acontece e em seu tempo arrefece.

O que importa aqui é saber se a dor
Vem do outro ou vem de si.
O limite nunca é claro assim,
Mas hoje em dia relativiza-se tudo,
Sem fim.

O analista reponde para ele e para ela
E reponde também para si:
Porque era você quem estava ali.
E, infelizmente, é "simples" assim.

91.

Paciente que pouco sofre

Não gosto de poesia
Não gosto muito de ler
Driblei a literatura
Mal sabia do adoecer.

Julgava-me esperto,
Quem pouco esforço teria
Ler, estudar, trabalhar
Eram coisas que meus pais queriam.

Sempre tentando ganhar
Escorregando aqui e ali,
Brincando de confrontar
Peguei gosto no transgredir.

Acho que chegou a hora
Dessa história mudar
Mas quem me diz agora
O que é que vou ganhar?

Meu analista me disse que só penso em triunfar.
Ganhar de todo jeito
De qualquer um
Em qualquer lugar.

Limites, limites, limites
Todos me dizem que preciso aceitar
Mas eu gosto mesmo é de saber que
Sou o cara que só sabe ganhar.

92.
Paradoxo da singularidade

No limite do limite
E u d i s s o l v e n d o - s e
Alteridade

93.

Fetichezinho

Psicanálise encanta tanto
Que basta pouco
Para fetiche
Tornar-se.

Psicanalistas, tão sábios e resolvidos
A poucos passos do paraíso
A segundos
De fetichizar-se.

Fetiche
Fetiche meu
Que espelho é esse
Que Freud me deu?

Caia na real
Figura patética e irreal.

Fetiche?
Defendendo-se de sua própria futilidade
Interprete-se a si mesmo
Retrato opaco e banal.

94.

Achei que tinha alguém aí dentro

É o que escuto ao abrir a porta para
o próximo atendimento.

E... tem!

Paciente levanta-se, movimenta-se e, olhando
fixamente para seu telefone entra na sala.

Passou por mim,
Ao meu lado,
Era um corpo, sem dúvida.

Deita-se, porque bons pacientes de
análise deitam-se no divã.

Já vou desligar, só um minuto. É importante.

A frase fica na minha cabeça. Ele retomará?

O telefone, na mão.

Ei, estou aqui.

Eu sei! Queria saber se havia mais alguém aqui.

Você sabe?

Claro que sei! Não sou louco, ora!

Falta-me um tanto de coragem de... Bion, talvez?

Mas... eu não sinto que sou sentido, era
o que deveria ter dito. Não digo.

A falação se instala e nada se fala.

O alguém de dentro ficou, realmente, só dentro.

95.
O tédio

Estou entediado
Diz ele sempre cansado
Mal sabe que isso
É baita ódio guardado.

Estou entediada
Diz ela sempre exausta
Mal sabe quanta raiva
De sua pele exala.

Mas que fazer com tanto ódio represado?
Catarse imediata?
Drenagem purulenta
Que mau odor espalha?

Quanta energia gasta
Para guardar a raiva
Quanto esforço mental
Para parecer normal.

Brinquemos senhores e senhoras!
É lá nas primeiras brincadeiras
Que assassinatos bárbaros podem acontecer
Com a candura das crianças
Cabeças rolam
Barrigas se abrem
Corpos se despedaçam.

Sem esse espaço
Não há sublimação possível
O preço a pagar
É indizível.

96.

Por que a guerra?

As cartas entre Einstein e Freud,
ali na Europa em pânico...

A utopia de uma convivência pacífica
Cai por terra com a barbárie desmedida
Ódios proliferam metastaticamente
Purgando feridas eternamente.
As cicatrizes são impossíveis.
Amores ali brotam pouquíssimo
No deserto seco de vidas secas
Cuja secura absoluta
Aduba pulsões mortíferas
Não parece haver chance alguma para utopia:
Nem em ideia
Nem em sonho

Nem, pasmem, em delírios.
Nem a loucura se permite a esperança de sonhar.
A guerra, eis a guerra: aqui e lá.

97.

Você já viu a natureza?

A natureza selvagem?
Já viu a força colossal dos instintos?
Bichos comem e acasalam.
Já vi no zoológico, nas grades
Queria muito ver de perto, nas savanas, na mata.
É fortíssimo.
É força-pura.
Ver manadas de búfalos correndo,
Leões à espreita, crocodilos, hienas e águias.
Todos com suas táticas e estratégias.
A força cósmica colocada ali.

Darwin viu
Freud também.

98.
Poesias e prosas sem-igual

Há análises que são poesia
Palavras justas
Sempre na medida
Com rima ou sem rima
Acertam no alvo do momento
A interpretação está no timing
As metáforas musicais
E as mesmas palavras nunca iguais.

Há outras que se dão como prosa
Idas e vindas, curvas e dobras
Gerúndio contínuo
No descamar das histórias
Pouco sintéticas, gostam de se alongar
Personagens e cenários vêm e vão.

Não nos esqueçamos das novelas
Crônicas e
Ensaios.
Romances
Epopeias e
Diários de viagem.

Cada análise é um universo
Cada análise é seu universo.
É tudo muito íntimo e muito intenso
Pessoal, singular e intransferível
Cada análise é sem-igual.
Poesia ou prosa
Jamais,
Jamais é
Letra banal.

—— 99. ——
Eu, algo e um pouco mais

Eu tenho que agir
Eu já sei
Eu já entendi
Eu preciso agir.

Mas

Algo acontece
Algo se passa
Algo entrava
Algo ali, bem ali.

Então

O sonho me sonha
O desejo me banha

O lapso me arranha
O devaneio me estranha.

Teses e antíteses
Sem sínteses
Eu, aqui
Algo, ali.

100.
TDAH

Criaram um nome bem propício
Mais adequado impossível
Para o mundo desse tempo:
TDAH.

Transtorno de Déficit de Atenção e Hiperatividade.

Déficit de atenção!
Déficit de atenção e superávit de atividade.
Que bela contabilidade para
A natureza humana desse tempo esquisito.

É sério isso?

Foco, falta foco.
Um mundo que é exagero de tudo

Acusa você: déficit de atenção.
Devedor!

Assuma sua dívida!
O pagamento está logo ali:
Ritalina, Concerta ou Venvanse
Tudo anfetamina prima-irmã daquela branquinha.
O diagnóstico está corretíssimo
Falta atenção.
Resta saber se é no cérebro
Ou no coração.

101.

Entre mamadas e desmames

Eu mamo
Tu mamas
Ele mama
Nós mamamos
Vós mamais
Eles mamam.

Eu desmamo?
Tu desmamas?
Ele desmama?
Nós desmamamos?
Vós desmamais?
Eles desmamam?

Eu, tu e ele só mamamos
Ninguém desmama

A voz é passiva: se é desmamado
Contra a vontade infinita de seguir deleitado
Agarrado no peito
No leito do aconchego
Nos braços do zelo
Alucinando o maior prazer do mundo.

102.

Só um charuto?

Um charuto, às vezes, é só um charuto.

Eu não quero mentir para você
              mentir
    não   mentir
Eu   você
Eu   quero   você
Eu   quero mentir para
Eu não quero
                      para você
Eu não   mentir
        quero   você
        quero   para você
Eu   quero mentir
    não   para você.

103.
Fim de análise

E quando é o fim?
Quando cessa o desejo em mim?
Quando esqueço a hora, perco a sessão?
Quando não pago direito?
Quando fica cansativo falar?
Quando já sei o que escutar?
Quando já conheço jeitos e trejeitos?
Quando as metáforas se repetem?
Quando as analogias se empobrecem?
Quando muito tempo já passou?
Quando já falei da mãe, do pai, de avó e bisavô?
Quando me dei conta dos meus desejos,
Quando já confessei aquelas fantasias,
já contei aqueles sonhos,
cometi aqueles lapsos?
Quando sinto que mudei?

E que o mesmo, já mais serei,
mesmo sendo muito do que sempre fui?
Quando é a hora de parar?
Quando já sei que é interminável?
Quando sei que tenho que "autorizar por mim mesmo"?
Quando não evaporou suposto-saber?
Quando integrei ódios, invejas e ciúmes?
Quando perdi aquelas fixações?
Quando cicatrizaram aquelas feridas?
Quando narcisismo e alteridade estão melhor
equilibrados?
Quando as culpas se equilibraram?
E as pessoas, as imagos mais importantes
são enfim suficientemente-boas?
Quando a miséria vira mero sofrer?
Quando reconheço o mal-estar de viver?
Quando meu corpo é fonte de prazer?
Quando elaboro, sublimo e me elevo?
Quando negação, cisão e projeção não me assolam?
Quando estou em paz com meus ideais?
Quando superego não me destrói?
Quando a pulsão não me esfacela?
... suspiro...
A pergunta permanece: quando?

Este livro foi impresso no Inverno de 2024

Impressão e Acabamento | Gráfica Viena
Todo papel desta obra possui certificação FSC® **do fabricante.**
Produzido conforme melhores práticas de gestão ambiental (ISO 14001)
www.graficaviena.com.br